BROT backen

Ofenfrisches Brot
und knusprige Brötchen

Elisabeth Bangert

BROT
backen

Ofenfrisches Brot
und knusprige Brötchen

EDITIÓN XXL

INHALT

VORWORT

Sie kennen das bestimmt: Der betörende Duft frisch gebackenen Brotes steigt Ihnen in die Nase und sofort erwachen Heimatgefühle und die Sehnsucht nach den Genüssen aus der Kindheit. Ein Stück gutes Brot, nur mit Butter oder mit Omas Marmelade bestrichen – einfach köstlich!

Unser „täglich Brot" ist auch heute noch das Grundnahrungsmittel Nummer eins und in einer immensen Vielfalt erhältlich. Doch leider lässt die Qualität oft zu wünschen übrig, denn der Großteil der Backwaren wird heute industriell vorgefertigt. Es gibt zwar noch Bäckereien, die Brot mit natürlichen Zutaten und in alter Handwerkstradition backen, aber angesichts billiger Produkte aus dem Supermarktregal oder aus dem Backautomaten sind sie immer seltener konkurrenzfähig.

Dabei ist es gar nicht so schwer, Brot selbst zu backen: Sie benötigen nichts weiter als gute Zutaten und etwas Geduld – dann werden Sie mit einem unverfälschten und unvergleichlichen Geschmackserlebnis belohnt! Die meisten Rezepte in diesem Buch wurden in unserer Versuchsküche erprobt und können auch von Backanfängern umgesetzt werden.

Brot selbst zu backen ist auch für Menschen mit Allergien oder Unverträglichkeiten eine gute Möglichkeit, um nicht auf Brotgenuss verzichten zu müssen, denn sie können ihr Brot aus solchen Zutaten herstellen, die sie vertragen. Es gibt heute zahlreiche Mehle im Handel, die glutenfrei sind, ohne Konservierungs- und sonstige Zusatzstoffe und die sich problemlos verbacken lassen.

Ich wünsche Ihnen viel Spaß beim Backen und gutes Gelingen!

Ihre

Elisabeth Bangert

DAS BROT
und seine Geschichte

Brot gehört zweifelsohne zu den wichtigsten Grundnahrungsmitteln der Welt. Und das schon seit sehr langer Zeit: Neueste Forschungen lassen vermuten, dass in Europa viel früher als bisher angenommen, nämlich bereits vor 30 000 Jahren, Pflanzen zur Gewinnung von mehlartigen Produkten Verwendung fanden. Darauf weisen zahlreiche Fundstätten aus unterschiedlichen Regionen Europas hin, bei denen sowohl Mahlwerkzeuge für die Verarbeitung von Mehl als auch Spuren von Nahrung gefunden wurden.

Der systematische Anbau von Getreide entwickelte sich erst Tausende von Jahren später im Orient. Von Ägypten gelangte das Wissen über das Brotbacken über das Römische Reich schließlich nach Europa. Emmer, Weizen, Gerste und Hirse waren die ersten kultivierten Getreidesorten. Der Anbau von Getreide und die Verarbeitung von Mehl halfen den Menschen, unabhängiger von Wetter- und Umwelteinflüssen zu werden, um die eigene Ernährung zu sichern.

Die Kenntnisse von der Herstellung von Mehl und Brot sowie die damit verbundenen Traditionen und die Qualitätssicherung wurden über Generationen weitergegeben – zunächst nur innerhalb der Familien, dann über die Etablierung ganzer Berufsbilder, wie z. B. des Müller- und Bäckerhandwerks. Der Beruf des Bäckers entwickelte sich erst im 10. Jahrhundert, als Folge der Städtebildung, denn anders als die Landbevölkerung hatten die Städter keine Möglichkeit, ihr Brot selbst zu backen.

Früher wurde das Getreide mithilfe von Mahlsteinen zerkleinert.

Das Brot etablierte sich nicht nur als unentbehrliches Grundnahrungsmittel, sondern entwickelte auch eine große kulturgeschichtliche Bedeutung. Die deutsche Brotkultur wurde im Jahr 2014 sogar in das Bundesweite Verzeichnis des immateriellen Kulturerbes aufgenommen. Die Vielfalt des deutschen Brotes ist mit mehr als 3000 Brotsorten weltweit einzigartig.

Neben den klimatischen Bedingungen und der Bodenbeschaffenheit haben die Entwicklung von Verarbeitungs- und Herstellungsverfahren sowie neue technische Möglichkeiten des Ofenbaus dazu beigetragen, die Palette der Backwaren zu erweitern.

Hinzu kommt, dass heute nicht mehr nur die in Deutschland bekannten und angebauten Getreidemehlarten zum Einsatz in der Brotherstellung kommen: Pseudogetreide, andere Mahlerzeugnisse und Rohstoffe aus allen Teilen der Welt tragen zur reichhaltigen Auswahl an Brotprodukten bei. Das Auftreten von Allergien und

der immer stärkere Wunsch nach bewusstem und gesundem Essverhalten führen außerdem zu einer Rückbesinnung auf ursprüngliche Getreidearten.

Das Kulturgut Brot spielt auch eine wichtige Rolle bei der zwischenmenschlichen Kommunikation. Ob beim Frühstück oder bei der sprichwörtlichen „Brotzeit" – Brot bringt Menschen zusammen, um gemeinsam zu essen und miteinander zu reden.

Brot hat eine hohe symbolische Bedeutung: Es gilt als Symbol des Lebens, der Nahrung und somit auch des Reichtums. Sein Symbolcharakter kommt auch in zahlreichen Ritualen zum Ausdruck, wie z. B. dem Brotbrechen bei der Eucharistiefeier oder dem Überreichen von Brot und Salz beim Einzug ins neue Haus.

Und nicht zuletzt zeigt sich die Bedeutung dieses Grundnahrungsmittel in vielen Redensarten, wie z. B. „sein Brot sauer verdienen" (mit großer Mühe Geld erwirtschaften) oder „wes Brot ich ess, des Lied ich sing" (die Meinung einer Person vertreten, die mich dafür bezahlt).

Das deutsche Brotregister verzeichnet rund 3 200 verschiedene Brotsorten.

DIE MEHLE
und ihre Eigenschaften

Mehl entsteht durch das feine Mahlen von Getreidekörnern. Früher wurde das Getreide in Wind- oder Wassermühlen gemahlen, heute sind Getreidemühlen hochtechnisierte Anlagen. Eines ist aber gleich geblieben: Das Endprodukt Mehl besitzt wertvolle Inhaltsstoffe und ist deshalb als Grundnahrungsmittel besonders gut geeignet.

Mehl enthält einen hohen Anteil an Kohlehydraten mit Stärke und Ballaststoffen, außerdem einen hohen Mineralstoff- und einen niedrigen Fettanteil. Die Menge an Inhaltsstoffen variiert je nach Mehlsorte.

Die verschiedenen Mehlsorten haben auch verschiedene Backfähigkeiten – daher sind sie in unterschiedlichem Maße zur Brotherstellung geeignet. Für die Backfähigkeit ist das im Mehl vorhandene Kleberprotein Gluten verantwortlich. Dieser Inhaltsstoff bindet bei Wasserzugabe den Teig zu einer elastischen „gummiartigen" Masse. Für Menschen mit Glutenunverträglichkeit hat diese Backeigenschaft weitreichende gesundheitliche Folgen. Allerdings sind inzwischen glutenfreie Mehle im Handel, die eine gute Alternative zum üblichen Weizen- oder Roggenbrot bieten (siehe Kasten auf Seite 13).

DIE MEHLSORTEN

1. Weizenmehl

Weizen nimmt weltweit die größte Anbaufläche von allen Getreidearten ein und erzielt die höchsten Produktionsmengen. Er gehört zu den ältesten kultivierten Getreidepflanzen.

Das helle Mehl eignet sich besonders gut zum Backen, da Weizenmehl ein sehr gutes Bindevermögen aufweist. Es enthält einen hohen Anteil an Stärke und das Klebereiweiß Gluten. Häufig wird es mit anderen Mehlsorten vermischt, um eine breite Geschmacksvielfalt und viele variantenreiche Mischbrote zu erhalten. Oder es wird mit Mehlen gemischt, die einen geringeren Anteil an Klebereiweiß besitzen und somit allein keine gute Backfähigkeit haben. Weizenmehl enthält einen hohen Anteil an Gluten und ist daher für Menschen mit einer Unverträglichkeit oder Allergie gegen dieses Klebereiweiß nicht geeignet.

2. Roggenmehl

Roggen ist auf der nördlichen Halbkugel weit verbreitet und wird als typisches Brotmehl fast ausschließlich für die Herstellung von Brot verarbeitet. Das Mehl mit dem kräftigen Aroma enthält mehr Mineralstoffe, aber weniger Eiweiß als Weizenmehl. Es hat einen niedrigen Glutengehalt, weist aber trotzdem eine ausreichende Menge an Stärke auf. Roggenmehl enthält das Schutzenzym Phytin, welches der erwünschten Verkleisterung beim Backen entgegenwirkt. Durch Zugabe von Säure wird das Enzym gestoppt. Daher wird für die Herstellung von Roggenbrot in der Regel nur

Sauerteig zugefügt. Alternativ (oder auch zusätzlich) können Säuren in Form von Buttermilch, Zitronensaft, Kefir oder Essig hinzugegeben werden. Die Verarbeitung von Roggenmehl zu Brot ist ein wenig anspruchsvoller als die von Weizenmehl, das Brot ist aber länger haltbar.

3. Dinkelmehl

Dinkel ist eine alte Weizenart, die sich schwer züchten lässt und deren Anbau daher lange Zeit vernachlässigt wurde. Dinkel ist resistenter gegen Krankheiten und spricht nicht auf chemische Dünger an. In der Ernte liefert er einen geringeren Ertrag und ein zusätzlicher Arbeitsschritt für die Entfernung der Spelze ist notwendig, was ihn ca. 10–20 % teurer macht als andere Weizengetreide. Besonders gut verträgliche Inhaltsstoffe, ein hoher Eiweiß- und Mineralstoffgehalt sowie viele Spurenelemente prädestinieren ihn für eine gesunde Ernährung. Schon Hildegard von Bingen hat Dinkel als eine der Hauptsäulen ihrer Ernährungslehre gesehen.

Aufgrund seines kräftigen und nussigen Geschmacks eignet sich Dinkel besonders gut für Backwaren. Allerdings muss bei der Verarbeitung beachtet werden, dass der Teig schonend geknetet wird, da Dinkelmehl einen empfindlicheren Kleber hat als Weizenmehl und die Gefahr der Überknetung besteht.

4. Hartweizenmehl

Hartweizen wird auch Durumweizen oder Glasweizen genannt und ist eine Sonderform des Weizens, mit einem höheren Kleberproteingehalt als Weichweizen.

Für die Brotherstellung ist diese Getreideart aufgrund ihrer Struktur weniger geeignet – sie findet hauptsächlich in der Nudel- und Grießherstellung Verwendung.

5. Emmermehl

Emmer, auch Zweikorn genannt, gehört zu den ältesten kultivierten Getreidearten. Er ist mit dem Weizen verwandt und weist einen hohen Mineral- und Eiweißgehalt auf. Er verleiht Vollkornbrot einen nussigen Geschmack, hat aber nur begrenzte Klebereigenschaften.

1. Weizenmehl

2. Roggenmehl

3. Dinkelmehl

4. Hartweizenmehl

5. Emmermehl

14. Kastanienmehl

15. Mandelmehl

16. Kartoffelmehl

17. Amaranth-
mehl

18. Quinoamehl

19. Kichererbsen-
mehl

14. Kastanienmehl

Durch das Mahlen der getrockneten rohen Früchte entsteht das geschmackvolle Mehl, das als Beimischung für Brot verwendet werden kann. Für den alleinigen Einsatz beim Brotbacken ist das glutenfreie Mehl ungeeignet. Bei der Herstellung von süßen Backwaren ist der Zuckergehalt zu berücksichtigen, sodass die Menge des zugesetzten Zuckers reduziert werden kann.

15. Mandelmehl

Das aus entölten Mandeln gewonnene Mehl besitzt einen geringeren Fettgehalt als gemahlene Mandeln (nur 12 % statt 60 %) und der Gehalt an Kohlehydraten ist im Vergleich zu Weizenmehlen 10-mal geringer. Neben einem hohen Eiweißgehalt enthält Mandelmehl kein Gluten und der Eigengeschmack ist weniger intensiv als der anderer Nüsse. Teig- und Backwaren aus Mandelmehl haben ein besseres Quellvermögen. Mandelmehl nimmt wesentlich mehr Flüssigkeit auf als gemahlene Mandeln und hat damit ein anderes Backverhalten. Geeignet ist es für Pfannkuchen, Torten, Kekse und Pizzen.

16. Kartoffelmehl

Die aus Kartoffeln extrahierte und getrocknete Stärke wird als Kartoffelmehl oder Kartoffelstärke bezeichnet. Das Mehl enthält keinen Kleber, daher muss es beim Backen mit anderen Mehlen gemischt werden. Durch den neutralen Geschmack und die hohe Quellfähigkeit wird Kartoffelstärke oft als Backzutat eingesetzt. Weiteren Einsatz findet das Mehl als Bindemittel für Kuchen, Klöße, Soßen und Desserts.

17. Amaranthmehl

Das Fuchsschwanzgewächs Amaranth ist in Südamerika beheimatet. Aufgrund der klimatischen Voraussetzungen in Europa wächst die Pflanze hier schlecht, deshalb ist sie bei uns auch relativ unbekannt. Das Mehl enthält mehr Ballaststoffe und knapp doppelt soviel Eisen als Vollkornweizen. Viele ungesättigte Fettsäuren sowie ein hoher Protein-, Magnesium- und Calciumgehalt bereichern eine gesunde Ernährung. Eine Beimischung von Amaranth zu anderen Mehlen erhöht die Qualität des Brotes durch seinen Nährstoffgehalt. Amaranthmehl hat kein Backvolumen und besitzt kein Klebereiweiß. Wegen seines nussigen Geschmacks wird Amaranthmehl gerne in Gebäck, Müsli und Eierkuchen verwendet.

18. Quinoamehl

Die anspruchslose Kulturpflanze Quinoa ist seit über 5000 Jahren in Südamerika bekannt und wird dort auch in großen Höhen über 4000 m angebaut. Quinoamehl lässt sich nur begrenzt zum Backen verwenden, da es nicht über das Klebereiweiß Gluten verfügt. Es beinhaltet ca. 15% Eiweiß sowie lebenswichtige Aminosäuren. Verarbeitet wird das Mehl zumeist für Kekse, Nudelteige, Pfannkuchen, vegetarische Bratlinge und Fladen.

19. Kichererbsenmehl

Aus geschälten Kichererbsensamen wird das Mehl gewonnen. Es enthält viele Proteine, wertvolle Mineralstoffe, ist kohlehydratarm, laktose- und glutenfrei. Es hat eine zart-gelbe Farbe, einen leicht nussigen Geschmack und wird für süße oder herzhafte Lebensmittel wie Kuchen, Pizza- und Nudelteige, Bratlinge, Falafel, Pürees, Dips und Brot verwendet.

Glutenfreie Mehle

Sämtliche Weizenarten sowie Roggen, Hafer und Gerste enthalten Gluten. Sollten Sie an einer Gluten-Unverträglichkeit oder -Allergie leiden, können Sie auf folgende glutenfreie Mehlsorten ausweichen:

- Maismehl
- Hirsemehl
- Sojamehl
- Reismehl
- Buchweizenmehl
- Kastanienmehl
- Mandelmehl
- Kartoffelmehl
- Kichererbsenmehl
- Amaranthmehl
- Quinoamehl

DIE MEHLTYPEN
und ihre Verwendung

Zur Herstellung von Mehl bedarf es mehrerer Arbeitsschritte: Zunächst muss das Getreide gereinigt werden, anschließend wird es in der Mühle gemahlen. Ein Getreidekorn besteht aus Schale, Mehlkörper und Keimling. Beim Mahlen müssen Schale und Keimling vom Mehlkörper getrennt werden, was in mehreren Arbeitsgängen erfolgt. Die verschiedenen Produkte, die beim Mahlen entstehen, werden je nach Feinheit (Körnung) unterschieden in Mehl, Dunst, Grieß, Schrot, Kleie und Vollkornmehl:

- **Vollkornmehl** entsteht durch das Mahlen ganzer Getreidekörner; in diesem Mehl bleiben alle Kornbestandteile erhalten.

- **Kleie** enthält die Schalenteile des Korns. Früher wurde Kleie hauptsächlich als Futtermittel weiterverwertet. Aus heutiger Sicht ist eine ballaststoffreiche Ernährung erstrebenswert, sodass auch der ernährungsphysiologische Wert von Kleie stärker ins Bewusstsein gerückt ist.

- Als **Schrot** werden die grob zerkleinerten Bestandteile des Korns benannt. Es gibt verschiedene Schrotgrößen. Schrot findet als Backzutat oder Futtermittel Verwendung.

- **Grieß** ist ein körniges und schalenfreies Mahlprodukt, das in Breien, Knödeln, Kuchen und bei der Herstellung von Teigwaren zum Einsatz kommt.

- **Dunst** ist die Bezeichnung für ein feinkörniges Mahlprodukt, welches in seinem Zerkleinerungsgrad zwischen Mehl und Grieß liegt. Im Backhandwerk wird Dunst auch als „griffiges Mehl" bezeichnet.

- **Mehl** ist das feine Pulver, welches durch Mahlen von Getreide oder Hülsenfrüchten entsteht. Sein Nährstoffgehalt hängt von seinem Ausmahlungsgrad ab.

Windmühlen dienten früher vor allem dem Mahlen von Getreide – heute sind sie als Relikte vergangener Zeiten nur noch Touristenattraktion.

Der Ausmahlungsgrad bezeichnet die Höhe des Nährstoffgehaltes des jeweiligen Mehls. Analog dazu wird die Höhe der Typenbezeichnung eines Mehls gesehen. Die Mehltype bezeichnet das Maß des Mineralstoffgehalts in mg je 100 g Trockenmasse. Sehr dunkle Mehle weisen, durch die im Mehl enthaltenen Rand- und Schalenteile, einen hohen Anteil an Vitaminen, Ballast- und Mineralstoffen aus, dargestellt durch eine hohe Typennummer. Helle Mehle haben einen dementsprechend niedrigeren Mineralstoffgehalt. Zur Bestimmung der Type wird eine kleine Menge Mehl bei 900 °C im Muffelofen verbrannt. Die nicht brennbaren Bestandteile entsprechen dem sogenannten „Aschegehalt" bzw. Mineralstoffgehalt des Mehls. Ein Beispiel: Bei einem Mehl mit Type 405 sind also 405 mg Mineralstoffe in 100 g Mehl zu finden.

Mehle mit niedriger Typenzahl fühlen sich weich, fein bzw. glatt an und nehmen gut Flüssigkeit auf, gröber vermahlene Mehlsorten fühlen sich beim Anfassen von der Struktur her körniger an, lassen sich schwerer verarbeiten und nehmen langsamer Flüssigkeit auf.

Die nachfolgende Auflistung zeigt die gebräuchlichsten Mehltypen und wie sie eingesetzt werden:

Weizenmehl

- **Type 405**
  Hellstes und feinstes Mehl, mit sehr gutem Bindevermögen, führt zu elastischen Teigen, die gut aufgehen. Beim Brotbacken ausschließlich geeignet für Weißbrot, sonst ideal für Kuchen, Hefeteige und zum Andicken von Soßen.

- **Type 550**
  Etwas kräftigeres Mehl, aber noch hell in der Farbe. Das Mehl bildet eine feinporige Krume und geht gut auf. Ideal geeignet für Brot, Pizza und Kleingebäck.

- **Typen 812 und 1050**
  Das Mehl ist deutlich dunkler und weist einen höheren Schalenanteil auf. Es ist ideal für Brot und herzhaften Teig.

- **Type 1600**
  Wird auch als Durum-Weizenmehl oder Hartweizenmehl bezeichnet. Nicht als reines Brotbackmehl geeignet.

- **Weizenbackschrot/Type 1700**
  Backschrot unterscheidet sich von reinem Vollkorn, weil es keinen Keimling mehr enthält. Generell haben Schrotbrote einen geringeren Ölanteil und eine etwas höhere Lagerfähigkeit.

- **Weizen-Vollkornmehl und Weizen-Vollkornschrot**
  Keine numerische Typenbezeichnung. Teige aus diesem Mehl gehen nicht so gut auf. Kann auch für Kuchen verwendet werden und ist ideal für herzhafte Teige und Brot.

Weizenmehl ist hierzulande das am häufigsten verwendete Mehl.

Roggenmehl eignet sich sehr gut zum Brotbacken.

Roggenmehl

- **Type 815**
  Hellstes Roggenmehl, wird meist in Süd-
  deutschland verwendet. Ideal für herzhafte
  Backwaren wie Schmalzgebackenes, Brot und
  Brötchen.

- **Typen 997 und 1150**
  Dunkleres Roggenmehl, ideal zur Brotherstellung von Roggen- und Roggenmischbroten.

- **Typen 1370 und 1740**
  Sehr dunkles Roggenmehl. Wird zur Herstellung von Sauerteig eingesetzt. Typische
  Bäckermehle für dunkle Roggen- und Roggen-
  mischbrote.

- **Roggenbackschrot/Type 1800**
  Verfügt über die gleichen Eigenschaften wie
  der Weizenschrot. Es ist empfehlenswert, den
  Schrot vor dem Verarbeiten quellen zu lassen,
  weil das Gebäck dann saftiger wird und nicht
  krümelt. Durch den Einsatz von Sauerteig

wird der Roggenbackschrot backfähig. Wird
für Schwarzbrote und Pumpernickel eingesetzt.

- **Roggen-Vollkornmehl/Roggen-Vollkornschrot**
  Zum Brotbacken wird es oft mit Weizen- oder
  Dinkelmehl gemischt. Die Teige sind deutlich
  fester und dunkler. Geschmacklich weisen
  sie ein volles Aroma und einen kräftigen Geschmack auf.

Dinkelmehl

- **Type 630**
  Das sehr helle Mehl ist ideal geeignet für Brot,
  Brötchen, Kuchen und anderes Gebäck.

- **Typen 812 und 1050**
  Dunkleres und kräftigeres Mehl, auch für Ge-
  bäcke und herzhafte Kuchen. Ideal für Brote
  und eine gute Alternative zu hellem Weizenmehl und Vollkornmehl.

- **Dinkelvollkorn/Dinkelvollschrot**
  Ist nicht typisiert. Für Mischbrote geeignet als
  Beimischung oder für reines Dinkelbrot.

Dinkel enthält mehr Mineralstoffe als Weizen.

Je nach Ausmahlungsgrad des verwendeten Mehles wird das Brot heller oder kräftiger.

Bei der Auswahl des passenden Mehles kommt es auf das jeweilige Rezept und auf die Art des Backwerks an. Meist werden mehrere Mehlsorten gemischt, um schlechtere Backeigenschaften der Mehle und Aussehen der Backerzeugnisse zu verbessern oder verschiedene Geschmackskomponenten zu erhalten.

Mischmehltypen sind die erhältlichen Typen 700 und 1000: Sie werden für Weizen-Roggen-Bauernbrote verwendet, die im Aussehen unterschiedlich hell sind.

Von einem Roggenmischbrot wird gesprochen, wenn es mehr als 50 % Roggenmehl enthält. Umgekehrt spricht man von einem Weizenmischbrot, wenn es mehr als 50 % Weizenmehl enthält.

Ein 5-Korn-Brot besteht aus einem kräftigen Brotmehl mit Feinschrotanteilen der Getreidesorten Weizen, Roggen, Dinkel, Gerste und Hafer.

Bei der Verarbeitung von Mehlen mit höherer Typenzahl muss beachtet werden, dass eine um ca. 10–15 % höhere Flüssigkeitszugabe benötigt wird, damit die Ballaststoffe richtig aufquellen können.

Weizenmehl kann problemlos durch Dinkelmehl ersetzt werden. Hierbei können jeweils die Typen 405 der Getreidemehle ausgetauscht werden. Die Dinkelmehltype 630 entspricht den Weizenmehltypen 550 und 812 und die Dinkel- und Weizenmehle der Type 1050 entsprechen einander.

DIE AUSSTATTUNG

Die Utensilien, die zum Brotbacken benötigt werden, befinden sich üblicherweise in jedem Haushalt und sind als Grundausstattung ausreichend. Natürlich gibt es das eine oder andere Handwerkszeug, das im Laufe der Zeit für den persönlichen Gebrauch und die eigene Arbeitsweise hilfreich erscheint. Die nachfolgende Auflistung enthält die wichtigsten Utensilien, die gemäß den alltäglichen Erfahrungen vorhanden sein sollten:

Backbleche – fürs Backgut

Backpapier – fürs Backblech oder um das Backgut abzudecken (alternativ Backfolie)

Backpinsel – um Brot mit Wasser abzuwischen, damit der Teig elastischer bleibt

Frischhaltefolie – um Teiglinge abzudecken

Geschirrtücher – aus Leinen oder fester Baumwolle, um den Teig während des Gehens abzudecken bzw. Flüssigkeit aus dem Teig zu absorbieren

Kochlöffel – um die Zutaten gleichmäßig zu verrühren

Kuchengitter – um Backgut aus dem Herd zum Auskühlen abzustellen

Küchenwecker – zum Einstellen von Knet-, Ruhe- und Backzeit

Mehlsieb – um dem Verklumpen vorzubeugen, denn gut gesiebte Mehle nehmen Flüssigkeit und andere Zutaten gleichmäßiger auf

Messer – möglichst scharf, um die Oberseite des Brotes vor dem Backen einzuritzen, damit Gas, welches sich im Teiginneren beim Backen bildet, entweichen kann sowie zwecks Musterung des Brotes

Messlöffel bzw. -becher – zum Abmessen von Zutaten/Flüssigkeiten

ofenfeste Form/Tasse – um Wasser zur Verdampfung in den Herd zu bringen; wird auf den Boden des Backherds gestellt, um die Brotkruste elastisch zu halten

Schneidbrett – um Zutaten darauf kleinzuschneiden und Teig zu kneten

Schüsseln – mindestens 2 unterschiedlich große Rührschüsseln

Teigschaber/-karte – aus Kunststoff oder Metall, um Teig und andere Zutaten aus der Schüssel bzw. von der Knetfläche zu kratzen oder Teige zu teilen

Waage – zum genauen Abwiegen der Zutaten

DIE FACHBEGRIFFE

Diese fachspezifischen Begriffe sind häufig in Backrezepten für Brot zu finden und werden im Bäckerhandwerk verwendet:

Anstellgut – Teil des Sauerteigs, der zur erneuten Herstellung von Sauerteig aufgehoben und nicht verbacken wird

Aufarbeiten – Formen des optimal gereiften Teiglings

Ausbund – kontrolliert (durch Einschneiden des Teiglings) oder zufällig aufgerissene Brotkruste, die durch die vergrößerte Brotoberfläche eine geschmackliche Verbesserung erfährt

Freigeschoben – ohne Backform im Ofen gebacken

Gare – Im Brot entstandene Gärgase führen zu Volumenzunahme und Porenbildung des Teiges (Bestimmung von optimaler Gare mittels Drucktest).

Langwirken – Langformen des Teiglings nach der Entspannungszeit/vor dem Backen

Rundwirken – Rundformen des Teiglings für höhere Stabilität, um die Form bis zur Verkleisterung der Stärke während des Backens zu bewahren

Schleifen – Teiglinge von Brötchen werden rund geformt, indem man sie mit kreisenden Bewegungen strafft.

Stockgare – Gärphase des gekneteten, ungeformten Teiges, während der die Mehlbestandteile verquellen, die Hefen sich vermehren und Aromen sich entwickeln können

Stückgare – Letzte Ruhephase des fertig geformten Teiges vor dem Backen

(Ver-)Schluss – gefaltete und unebene Seite, die beim Formen des Teigs entsteht:
- Schluss zeigt beim Gehen nach oben, wird vor dem Backen gedreht und mit Schluss nach unten gebacken = glatte Brotoberfläche
- Schluss zeigt beim Gehen nach unten, wird vor dem Backen gedreht und mit Schluss nach oben gebacken = ungleichmäßige Oberfläche

Schwaden – Verdampfen von Wasser im Ofen, um Brotvolumen und Kruste zu beeinflussen

Teigruhe – Zeitspanne, die der Teig benötigt, um die gewünschten Eigenschaften auszubilden, wie z. B. Bildung von Kohlendioxid, Volumenzunahme, Ausbildung von Milchsäurebakterien und Aromastoffen, Poren- und Teigstruktur

Das Brot erhält den letzten Schliff vor dem Backen durch Einritzen der Oberfläche.

DAS WICHTIGSTE

beim Brotbacken

Eigentlich ist es ganz einfach, ein Brot zu backen, wenn man genau nach Rezept vorgeht: Hier werden alle benötigten Utensilien und Zutaten genannt und die einzelnen Arbeitsschritte erklärt. Auch werden die erforderliche Zeit für die Herstellung und die Backzeit des Brotes aufgeführt. Dennoch gibt es einige generelle Dinge zu beachten, die zum Backen eines handwerklich gelungenen und wohlschmeckenden Brotes notwendig sind.

Brot braucht Zeit

Zeit ist ein wichtiger Aspekt beim Brotbacken – wer sich genügend Zeit nimmt, wird mit einem guten Resultat belohnt. Zeit wird vor allem deshalb benötigt, weil der Teig häufig mehrmalige Ruhe- und Reifephasen, auch Gare genannt, durchlaufen muss, damit der Prozess für die Volumen- und Geschmacksbildung des Brotes richtig in Gang kommen kann.

Die im Mehl enthaltenen Klebereiweiße fangen bei der Teigruhe das durch Gärung der Hefe im Teig gebildete Kohlendioxid auf, welches das Aufgehen und die Volumenzunahme des Teiges ermöglicht. Zusätzlich haben die Klebereiweiße die Fähigkeit, Wasser zu binden, was sich schließlich auf die Teigausbeute und die Frische des Brotes auswirkt.

Beim Verarbeiten von Sauerteig im Brot müssen auch die Zeiten für dessen Herstellung eingeplant werden, vor allem wenn der Sauerteig selbst hergestellt wird. Auch die Gehzeit von Sauerteigbrot dauert immer etwas länger. Mit dem Fingertest kann man prüfen, ob der Teig ausreichend Ruhezeit hatte: Man drückt mit dem Zeigefinger in den aufgegangenen Teig eine kleine Mulde.

Bildet sich die Mulde nicht vollständig zurück und bleibt eine kleine Delle, so ist der Teig backfertig. Wenn der Teig an dieser Stelle wieder komplett aufgeht, weist er noch nicht die richtige Beschaffenheit auf und sollte noch länger ruhen.

Brot braucht Kontakt

Brotbacken ist vor allem Handarbeit! Das Kneten ist wichtig, damit das Verbinden der Klebereiweiße im Mehl vonstatten gehen kann. Klebereiweiße haben die Fähigkeit, Wasser im Teig zu binden, und ein längeres Kneten bewirkt eine bessere Verbindung der Mehlbestandteile mit der Flüssigkeit. Ein gut gekneteter Teig löst sich meist automatisch von der Schüssel. Ob dabei manuell mit der Hand oder maschinell unterstützt geknetet wird, bleibt dem Bäcker überlassen. Ein Handrührgerät eignet sich allerdings nicht, da es nicht die erwünschte Leistung erbringt. Möchte man größere Teigmengen verarbeiten oder öfter Brot backen, kann die Anschaffung einer Knetmaschine nützlich sein.

Das endgültige Formen des Brotes erfolgt manuell. Hierbei werden Gärblasen zerstört, es bilden sich kleinere Poren, Sauerstoff wird in den Teig eingebunden und dem Teigling werden Stabilität und die gewünschte Form verliehen. Dann muss das Brot erneut ruhen, bevor es in den Ofen eingeschoben wird. Nach dem Backvorgang weist das Brot eine feine und gelungene Porigkeit der Krume auf.

Brot braucht Wärme

Damit sich ein Brotteig wunschgemäß entwickeln kann, muss in jedem Arbeitsabschnitt auf die richtige Temperatur geachtet werden. Das gilt nicht nur für das Raumklima, sondern auch für die eingesetzten Zutaten und benötigten Backutensilien. Die Schüssel darf nicht kalt sein, der Teig soll in den Ruhephasen gut vor Zugluft geschützt sein und zimmerwarm lagern. Hierbei verhindert ein Abdecken des Teiges, ob mit Handtuch oder Folie, ein Austrocknen der Oberfläche. Ein vorgeheizter Backofen und eine auf das Backgut richtig eingestellte Backtemperatur müssen ebenfalls gegeben sein. Generell ist die richtige Temperatur während der verschiedenen Phasen des Backprozesses eine der Voraussetzungen dafür, dass sich das Brot wunschgemäß entwickelt.

Brot braucht Aufmerksamkeit

Für die Fertigstellung eines Brotes ist viel Aufmerksamkeit notwendig, um die einzelnen Arbeitsschritte bestmöglich durchzuführen und die Teigprozesse zu optimieren. Besondere Sorgfalt sollte für die folgenden Punkte aufgewendet werden:

* **Sieben:**
Das Mehl sollte vor der Teigzubereitung immer gesiebt werden. Damit kann man Klümpchen vermeiden, die später beim Backen zu Löchern im Brot führen. Auch verbindet sich die zugeführte Flüssigkeit besser mit dem Mehl, wenn es gesiebt wurde.

- **Hefe:**
Sowohl Frisch- als auch Trockenhefe ist zum Brotbacken geeignet. Aufgelöst in Flüssigkeit kann sie sich gleichmäßiger im Teig verteilen. Hefepilze bewirken die Umwandlung der Kohlehydrate (Zucker) in Alkohol und Kohlendioxid. Dieser Gärungsprozess führt dazu, dass der Teig „aufgeht". Zudem macht Hefe den Teig lockerer und das Brot wird besser verdaulich.

Frischhefe hat eine höhere Triebkraft als Trockenhefe und kann daher auch bei nicht optimalen Raumtemperaturen eingesetzt werden. Eine Lagerung von 2–4 Wochen im Kühlschrank ist unproblematisch. Danach nimmt die Gärkraft jedoch ab.

Trockenhefe ist konzentriert und kann daher niedriger dosiert werden als Frischhefe. Bei kühler und trockener Lagerung ist sie ca. 6 Monate haltbar.

- **Salz:**
Die Dosierung von Salz ist nicht nur wichtig aufgrund seiner Geschmackskomponente, sondern sie wirkt auch auf die Teigbildung. Salz reguliert u. a. den Gärprozess, indem dem Teig Wasser entzogen und die Hefetätigkeit verzögert wird. Gleichzeitig wird die Enzymtätigkeit reguliert, d. h. der Abbau von Mehlproteinen und Stärke verläuft langsamer, was sich auf das Gebäckvolumen auswirkt.

Bezogen auf die Menge des Mehls sollten ca. 2 % Salz eingesetzt werden. Möchte man gröbere Salze zufügen, sollten diese vorab gemahlen oder dem flüssigen Schüttgut zugegeben werden.

- **Geschmacksgebende Zutaten:**
Als geschmacksgebende Zutaten bezeichnet man alle Zutaten, die von den „Grundzutaten" für ein „reines" Brot abweichen. Bei ihrer Verarbeitung sollte Folgendes beachtet werden:

Richtige Dosierung:

Bei zu großen Mengen von geschmacksgebenden Zutaten wird die Teigstruktur mit ihrem Klebergerüst zu sehr belastet. Die Folgen sind z. B. zu große Hohlräume im Brot oder dass die Zutaten nicht verteilt sind oder im Teig während des Backprozesses auf den Boden absinken.

Werden größere Stücke zugefügt, muss der Teig auch besser geknetet werden. Kleinere Stücke sind einfacher zu verarbeiten, weniger belastend für die Teigentwicklung und damit auch für die Brotkrume. Die Dosierung von Gewürzen sollte möglichst in kleinen Mengen vorgenommen werden, die ca. 0,1 % der Mehlanteile nicht überschreiten.

Zeitpunkt der Zugabe:

Die geschmacksgebenden Zutaten sollten erst gegen Ende des Knetprozesses zugegeben werden, damit sich eine gute Teigstruktur ausbilden kann.

Beschaffenheit der Zutaten:

Trockene Zutaten, wie z. B. Leinsamen, lässt man vorquellen.

Weiche, evtl. vorbehandelte Zutaten, wie z. B. Rosinen, lässt man nach dem Waschen abtropfen. Frische Zutaten haben in der Regel einen hohen Wasseranteil, deshalb sollte man sie klein schneiden, damit die Teigentwicklung sowie die Bindefähigkeit und das Klebergerüst nicht beeinträchtigt werden. Insgesamt sollten nicht mehr als 10 % frische Zutaten dem Teig zugesetzt werden.

Wichtig zu wissen

- **Schwaden:**
Hat der Teig seine Gehphase durchlaufen und ist der Brotlaib geformt, wird unten in den Backofen eine Schale für das spätere Schwaden, d. h. für das Verdampfen von Wasser eingeschoben.

Der Schwaden hält die Teigrinde elastisch, der Teig kann sich jedoch im Inneren weiter ausdehnen. Nach der letzten Ruhephase des Teiges kann er in den Backofen geschoben werden, die Schale wird zum Verdampfen mit Wasser befüllt und der Ofen schnell wieder geschlossen. Durch das Verdampfen des Wassers setzt die Krustenbildung ein. Das Brot wird dann mit der im Rezept angegebenen Temperatur gebacken. Ist eine glatte und glänzende Brotrinde gewünscht, schneidet man den Teig vor dem Backen mit einem scharfen Messer ein und bestreicht ihn entweder mit verquirlter Milch und Ei oder bepinselt ihn mit Wasser.

- **Klopfprobe:**
Schlussendlich hilft die Klopfprobe, um zu erkennen, ob das Brot fertig gebacken ist. Dabei klopft man mit den Fingerknöcheln auf die Unterseite des Brotes – klingt es hohl, ist das Brot fertig. Wenn es dumpf klingt, muss die Backzeit verlängert werden.

DEN SAUERTEIG
herstellen

Dinkel-Roggenbrot mit Gewürzen

Dinkelbrot

Leinsamenbrot mit Emmermehl

Im Handel findet man eine große Auswahl an Sauerteigbroten. Wer sich dafür entscheidet, sein Brot selbst zu backen, hat viele Möglichkeiten, die Zutaten auf die eigenen geschmacklichen Vorlieben abzustimmen.

Wer ein Brot backen will, benötigt in der Regel die Grundbestandteile Mehl, Wasser, Salz und ein Triebmittel, z. B. Hefe oder Sauerteig.

Während es für Weizenmehlbrote ausreichend ist, reine Hefe als Triebmittel hinzuzufügen, muss bei der Verwendung von Roggenmehl in jedem Fall Säure zugeführt werden, damit der Teig backfähig wird. Die im Roggen befindlichen Amylasen bauen Stärke ab und hemmen die gewünschte Verkleisterung, die für die Bildung einer Krume notwendig ist. Eine Zugabe von Säure in Form von Essig oder Zitronensaft würde aber nicht die gewünschten Geschmacks-, Aroma- und Backeigenschaften zeigen, die ein einwandfreies, gut gelockertes Brot aufweisen muss. Deshalb ist das Zufügen von Sauerteig notwendig!

Am einfachsten ist es, Fertigsauerteig im Supermarkt oder Reformhaus zu kaufen oder einfach mal direkt beim Bäcker nach Sauerteig zu fragen. Doch einen Sauerteig selbst herzustellen, ist gar nicht schwer und zudem noch günstig, denn Sauerteig besteht aus Mehl und Wasser – und sonst nichts.

Bei seiner Herstellung werden durch spontane Gärung Milchsäurebakterien und Hefepilze vermehrt, um z. B. Milchsäure, Essigsäure und Kohlendioxid zu gewinnen. Die daraus entstandenen Stoffwechselprodukte beeinflussen positiv die Eigenschaften der Backwaren bezüglich Geschmacksbildung durch Säuren (mehr als 300 Aromastoffe), Verlängerung der Frischhaltung, Lockerung des Brotes und Intensivierung des Aromas. Überdies machen Sauerteige die Backwaren leichter verdaulich, da Klebereiweiß und Stärke durch die entwickelten Säuren aufgeschlossen werden. Außerdem sind die Backwaren weniger anfällig für Schimmel.

Für die Herstellung von Sauerteig eignen sich am besten Mehle mit hoher Typenzahl bzw. Vollkornmehl. Klassisch wird Sauerteig aus Roggen- oder Weizenmehl hergestellt, kann jedoch auch aus jedem anderen Mehl erzeugt werden.

1. Tag

Es wird jeweils die gleiche Menge Mehl und Wasser miteinander vermengt, z. B. 50 g Mehl mit 50 ml Wasser. Alle Zutaten sollten immer Zimmertemperatur besitzen. Das Aussehen des verrührten Teiges entspricht einem glatten Waffelteig. Das Ganze abgedeckt und warm bei mindestens 23 °C–28 °C für ca. 24–48 Stunden stehen lassen.

ZUTATEN *für 2 Flûtes:*

250 g mehligkochende
   Kartoffeln (am Vortag
   kochen)
15 g Zucker
60 ml lauwarmes Wasser

½ Würfel frische Hefe
500 g Weizenmehl Type 550
   oder Dinkelmehl Type 630
250 g Joghurt
25 g Butter

2 TL Salz
2–3 Lauchzwiebeln
1–2 Peperonischoten
   (je nach Schärfe)

Kartoffeln am
Vortag kochen

FLÛTES
mit Kartoffeln

ZUBEREITUNG:

1. Am Vortag die Kartoffeln kochen, pellen und über Nacht abkühlen lassen.

2. Den Zucker im Wasser auflösen und die Hefe hineinbröckeln. Das Mehl in eine Schüssel sieben. Die Kartoffeln durch eine Kartoffelpresse drücken oder auf einer Reibe zerkleinern und zum Mehl dazugeben. Den Joghurt, die Butter, das Salz und die Hefeflüssigkeit hinzufügen. Alles miteinander vermischen und zu einem weichen Teig verkneten.

3. Die Lauchzwiebeln und die Peperonischoten putzen und in feine Ringe schneiden. Den Teig in zwei Portionen teilen und die Zutaten in jeweils eine Teigportion gut einkneten. Dabei darauf achten, dass die Zutaten im Teigling gut verteilt sind!

4. Die Arbeitsplatte mit Mehl bestäuben. Sollte der Teig noch sehr klebrig sein, etwas mehr Mehl in den Teig einarbeiten. Dabei den Teig immer nach innen falten und anschließend formen.

5. Ein Backblech mit Backpapier auslegen und leicht mit Mehl bestäuben, sodass nichts anhaftet. Die beiden Flûtes auf das Backblech legen und abgedeckt ruhen lassen, bis das Volumen auf das Doppelte angewachsen ist.

6. Den Ofen auf 240 °C Ober-/Unterhitze vorheizen und eine feuerfeste Form unten in den Backofen stellen. Das Backblech auf einer der unteren Schiebeleisten in den Ofen schieben, 1–2 Tassen Wasser in die Form gießen und die Ofentür sofort wieder verschließen. Bei 240 °C ca. 5 Minuten backen, dann die Temperatur auf 200 °C reduzieren. Weitere 15 Minuten backen, bis das Brot goldbraun und knusprig ist.

Tipp

Reichen Sie dieses Brot pur mit etwas Olivenöl oder mit Knoblauchbutter als Vorspeise oder zu einem Glas Wein – einfach köstlich!

LAVENDELSTANGEN

mit Blüten

ZUTATEN *für 6 Stangen:*

11 g frische Hefe
20 g Honig
400 g Dinkelvollkornmehl
100 g Kastanien- oder Mandelmehl
2 TL Salz
2 TL getrocknete Lavendelblüten
350 ml lauwarmes Wasser

ZUBEREITUNG:

1. Die Hefe zerbröckeln und mit dem Honig in lauwarmem Wasser auflösen. Die beiden Mehlsorten in eine Schüssel sieben. Das Mehl mit dem Salz und den getrockneten Lavendelblüten vermischen. Die in Flüssigkeit gelöste Hefe sowie das restliche Wasser dazugeben, unter das Mehl rühren und zu einem Teig verkneten. Den Teig an warmer, nicht zugiger Stelle ca. 1 Stunde gehen lassen.

2. In der Zwischenzeit ein Backblech mit Backpapier auslegen. Die Arbeitsfläche mit Mehl bestreuen und nach der Ruhezeit den Teig gut durchkneten. Sollte der Teig sehr weich sein, etwas Mehl dazukneten, sodass er sich elastisch anfühlt und sich gut von der Arbeitsfläche löst.

3. Aus dem Teig eine lange Rolle formen und diese in drei gleich große Stücke teilen. Daraus wiederum lange Stangen formen und diese anschließend in zwei Teile schneiden. Alle 6 Stangen auf das Backblech legen und erneut 10–15 Minuten ruhen lassen.

4. Den Backofen auf 180 °C Umluft vorheizen. Dann die Stangen 15–20 Minuten im Ofen backen.

Tipp

Die duftenden Lavendelstangen schmecken frisch gebacken am besten: mit Honig oder Ahornsirup bestrichen zum Frühstück oder auch mit würzigen Dips auf einem Büfett.

BIERBROT

mit Doppelbock-Bier

ZUTATEN *für 1 Brot:*

400 ml Doppelbock-Bier (zimmerwarm)
½ Würfel frische Hefe
1 TL Honig
500 g Dinkelmehl Type 630 + ca. 50 g Mehl zum Kneten
2 TL Salz

ZUBEREITUNG:

1. Das Bier mit der Hefe und dem Honig verrühren, bis sich die Hefe aufgelöst hat.

2. Das Mehl in eine große Schüssel sieben. Die flüssige Biermischung zum Mehl dazugeben, alles mit einem Kochlöffel verrühren und ca. 15 Minuten ruhen lassen.

3. Das Salz hinzufügen und das Ganze auf einer bemehlten Oberfläche gut verkneten, bis ein elastischer Teig entstanden ist. Den Teig ca. 20 Minuten ruhen lassen, dann nochmals mit wenig Mehl durchkneten und zu einem länglichen Brot formen. Erneut ca. 20 Minuten ruhen lassen.

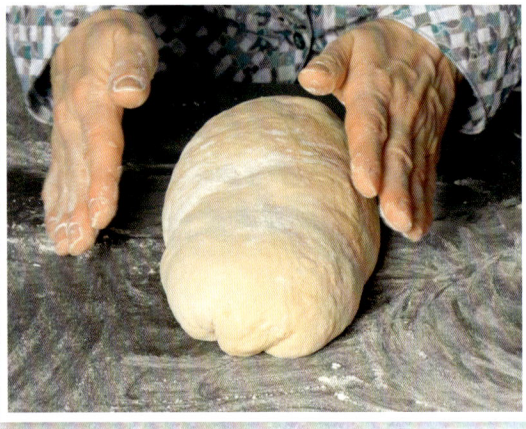

4. In der Zwischenzeit den Backofen auf 200 °C Ober-/Unterhitze vorheizen und eine feuerfeste Form unten in den Backofen stellen.

5. Den Teigling an der Oberfläche quer einschneiden und mit Wasser bestreichen.

Auf einer der unteren Schiebeleisten in den Backofen schieben, 1–2 Tassen Wasser in die Form schütten und das Brot ca. 40 Minuten backen. Eventuell nach 20 Minuten Backzeit das Brot nochmals großzügig mit Wasser bestreichen.

KEFIRBROT

ZUTATEN *für 1 Brot:*

500 g Weizenmehl Type 550
   (oder alternativ Dinkelmehl)
½ Würfel frische Hefe
1 EL Honig
125 ml Kefir
2 TL Salz
1 EL Haferflocken
300 ml lauwarmes Wasser

Tipp

Die perfekte Kruste erhält man, indem man eine mit Wasser gefüllte Schale unten in den Ofen stellt und so Dampf erzeugt. Durch diesen Vorgang, das „Schwaden", bleibt die Kruste elastisch. Damit sie auch knusprig wird, den Dampf vor Ende der Backzeit entweichen lassen.

ZUBEREITUNG:

1. Das Mehl in eine Schüssel sieben. Die zimmerwarme, zerbröselte Hefe, den Honig, den Kefir, das Salz und die Haferflocken hinzufügen. Mit einem Kochlöffel die Zutaten vermischen.

2. Nach und nach das lauwarme Wasser dazugeben und mit dem Kochlöffel alles zu einem glatten Teig verarbeiten. Den Teig nur ganz kurz gehen lassen (5–10 Minuten).

3. Den Ofen auf 200 °C Umluft vorheizen. Eine Kastenform mit Backpapier auslegen. Den Teig in die Kastenform geben und im vorgeheizten Backofen auf einer der unteren Einschubleisten 45–50 Minuten backen.

HAFERBROT

ZUTATEN *für 1 Brot:*

¾ Würfel frische Hefe
10 g Honig
400 g Roggenmehl Type 997
150 g Weizenmehl Type 550
   oder höher
110 g Hafermehl
1 EL Salz
400 ml Wasser
1 Handvoll kernige Hafer-
   flocken, zum Bestreuen

ZUBEREITUNG:

1. Die Hefe mit dem Honig in etwas lauwarmem Wasser auflösen. Die verschiedenen Mehlsorten in eine Schüssel sieben. Die
gelöste Hefeflüssigkeit und das Salz hinzufügen, alles mit dem
Wasser vermischen und gut verkneten.

2. Den Teig mit einem Tuch abdecken und ca. 30 Minuten gehen
lassen. Danach den Teig noch einmal gut durchkneten. Das Brot
mit dem Schluss (der Nahtstelle) nach oben in ein Gärkörbchen
legen und erneut 1–1,5 Stunden ruhen lassen.

3. Wenn sich das Volumen des Brotes verdoppelt hat, den Teigling
mit dem Schluss nach unten in eine mit Backpapier ausgekleide-
te Kastenform legen, die Oberseite mit Wasser bestreichen und
kernige Haferflocken darauf streuen. Den Backofen auf 200 °C
Umluft vorheizen und das Brot ca. 60 Minuten backen.

Traditionelles
MAISBROT

ZUTATEN *für 1 Brot:*

150 ml Milch
½ Würfel frische Hefe
215 g Maismehl
350 g Weizenmehl
Type 550
115 g Maisgrieß
2 EL Olivenöl
1 ½ TL Salz
250 ml lauwarmes
Wasser

ZUBEREITUNG:

1. Die Milch handwarm erwärmen, dann die Hefe hineinbröckeln. Das Maismehl und das Weizenmehl in eine Schüssel sieben und den Maisgrieß hinzufügen. Das Olivenöl mit dem Salz zu der Mehlmasse geben und dann die in Milch gelöste Hefe dazugießen. Alles gut verrühren.

2. Nach und nach das Wasser hinzufügen und gut verrühren, bis alles Wasser vom Teig aufgenommen wurde. Der Teig soll eine nicht mehr weiche, aber elastische Konsistenz haben und sich gut vom Schüsselrand lösen.

3. Eine Kastenform mit Backpapier auskleiden, den Teig hineingeben und kurz ruhen lassen. Den Backofen auf 220 °C Umluft vorheizen, dann die Temperatur auf 180 °C reduzieren und das Brot 45–50 Minuten backen.

WEISSBROT

ZUTATEN *für 1 Brot:*

500 g Weizenmehl
   Type 550
1 Päckchen Trockenhefe
2 TL Salz
1 EL Margarine
   (z. B. Sanella)

ZUBEREITUNG:

1. Den Backofen auf 50 °C vorheizen. Das Mehl, die Hefe und das Salz gut vermischen. Die Margarine und 300 ml lauwarmes Wasser dazugeben und alles zuerst mit den Knethaken des elektrischen Handrührgeräts und dann mit den Händen zu einem glatten Teig verarbeiten.

2. Den Backofen ausschalten und den Teig im noch warmen Ofen, abgedeckt mit einem leicht feuchten Tuch, 30 Minuten gehen lassen. Das Backblech mit Backpapier auslegen. Den Teig auf einer leicht bemehlten Arbeitsfläche kurz durchkneten. Zu einem runden oder ovalen Laib formen, aufs Blech legen und abgedeckt weitere 30 Minuten gehen lassen.

3. Inzwischen den Backofen auf 220 °C (Umluft 200 °C) vorheizen. Das Weißbrot ca. 40 Minuten backen und noch warm oder abgekühlt genießen.

HEFEBROT

mit Wegekräutern

ZUTATEN *für 2 kleine Brote:*

1 EL Zucker
300 ml kaltes Wasser
½ Würfel frische Hefe
1 ½–2 TL Salz
400 g Weizenmehl Type 550
100 g Weizenmehl Type 1050
20 g Löwenzahnblätter
20 g Brennnesselblätter
1 Handvoll Gänseblümchen-
   Blüten
grobes Meersalz

Tipp

Je gröber die Kräuter geschnitten sind, umso besser muss der Teig geknetet werden, damit sich eine gute Brotkrume ausbildet. Den Brotteig können Sie auch länglich oder als Zopf formen.

ZUBEREITUNG:

1. Den Zucker im Wasser auflösen. Die Hefe zerbröckeln und dazugeben. Das Salz hinzufügen und alles gut verrühren.

2. Das Mehl in eine Schüssel sieben. Die Kräuter unter fließend kaltem Wasser abspülen und mit einem Küchentuch trocken tupfen. Die Kräuter in 2–3 cm lange Stücke schneiden. Von den Gänseblümchen die Stiele entfernen und die Blüten im Ganzen verwenden.

3. Die Hefeflüssigkeit zu dem gesiebten Mehl geben und alles ca. 10 Minuten gut miteinander verkneten. Hier empfiehlt sich der Einsatz einer Knetmaschine, die die Arbeit sehr erleichtert.

4. Wenn sich der Teig elastisch anfühlt, werden die Kräuter nach und nach untergeknetet. Den Teig in einer abgedeckten Schüssel über Nacht (mindestens 10 Stunden) in den Kühlschrank stellen.

5. Den Backofen auf 240 °C Ober-/Unterhitze vorheizen und eine feuerfeste Schale unten in den Backofen stellen.

6. Den Teig in zwei Hälften teilen und zu runden Kringeln formen. Mit Wasser bepinseln und mit Meersalz bestreuen. Wasser in die Schale füllen und die Brote ca. 20 Minuten backen. Dann die Temperatur auf 200 °C senken und die Brote weitere 10 Minuten backen.

KAFFEEBROT

ZUTATEN *für 1 Brot:*

100 g Weizenvollkornmehl
400 g Dinkelmehl Type 630
   + ca. 100 g Dinkelmehl
   zum Kneten
40 g frische Hefe
11 g Salz
3–4 EL flüssiger Honig
1 TL gemahlener Koriander
1 TL gemahlener Kardamom
2 TL zerstoßene Aniskörner
250 ml Espresso
40 ml Wasser

Tipp

Je stärker der Espresso, desto intensiver wird der Geschmack. Sie können so das Aroma variieren. Aber Vorsicht: Bei zu starkem Espresso kann das Brot einen bitteren Nachgeschmack haben – und das mag nicht jeder.

ZUBEREITUNG:

1. Den Espresso kochen und etwas abkühlen lassen. Die Frischhefe in etwas lauwarmem Wasser auflösen. Danach die beiden Mehle in eine Schüssel sieben. Das Salz sowie die gemahlenen und zerstoßenen Gewürze zum Mehl geben und vermengen. Dann die in Wasser gelöste Hefe dazuschütten und den Honig hinzufügen.

2. Den Espresso nach und nach unter die Mehlmasse rühren. Alles so lange gut verarbeiten, bis der Teig eine weiche und geschmeidige Konsistenz hat. Den Teig ca. 1–1,5 Stunden an einem warmen Ort gehen lassen.

3. Die Arbeitsfläche mit ausreichend Mehl bestäuben und weiteres Mehl zum Einkneten in den Teig bereitstellen. Eine Backform mit Backpapier auslegen. Den Teig auf die Arbeitsfläche geben und nach und nach so viel Mehl einarbeiten, bis der Teig eine elastische Konsistenz erreicht.

4. Den Teigling mit dem Schluss nach unten in die Backform legen und nochmals ca. 30 Minuten gehen lassen. Der Teigling sollte sich etwa verdoppeln. Den Backofen auf 180 °C Umluft vorheizen und das Brot ca. 45 Minuten backen.

Italienisches
WEISSBROT

ZUTATEN *für 1 Brot:*

12 g frische Hefe oder
½ Packung Trocken-
hefe
½ TL Zucker
175 ml lauwarmes
Wasser
250 g Weizenmehl
Type 550
1 TL Salz
1 TL italienische Kräuter
30 ml Olivenöl

ZUBEREITUNG:

1. Die Hefe zusammen mit dem Zucker in Wasser auflösen. Die Flüssigkeit zum Mehl geben und alles zu einem glatten Teig verkneten. Den Teig bei Zimmertemperatur ca. 1 Stunde gehen lassen.

2. Das Salz, die italienischen Kräuter und das Olivenöl hinzufügen, den Teig erneut kneten und einen Brotlaib formen. Ein Backblech mit Backpapier auslegen, den Teig darauflegen und etwas Mehl darüberstäuben.

3. Den Teig nochmals mindestens 2 Stunden gehen lassen. Den Backofen auf 200 °C Umluft vorheizen und das Brot 25–30 Minuten goldbraun backen.

DINKELBROT
mit Gewürzen und Prosecco

ZUTATEN *für 1 Brot:*

200 g Roggenmehl
 Type 1150
600 g Dinkelmehl Type 630
1 EL Salz
¼ TL gemahlener Koriander
¼ TL zerstoßener Fenchel
¼ TL zerstoßener Kümmel

¾–1 Würfel frische Hefe
25 g Honig
750 ml lauwarmes Wasser
20–30 ml Apfelessig (alternativ Obstessig)
20–30 g Sauerrahm
80 ml Prosecco oder Sekt

ZUBEREITUNG:

1. Das Roggen- und das Dinkelmehl in eine große Schüssel sieben. Das Salz und die Gewürze dazugeben. Die Hefe mit dem Honig in 100 ml Wasser auflösen und das Hefewasser zum Mehl geben. Das restliche Wasser mit dem Apfelessig und dem Sauerrahm verrühren und das Ganze zum Mehl hinzugeben. Zum Schluss den Prosecco dazugießen und alles gut vermischen.

2. Den Teig ca. 1 Stunde zugedeckt gehen lassen. Da der Teig sehr weich ist und relativ stark aufgeht, sollte eine große Schüssel gewählt werden, damit er nicht überläuft. Alles nochmals gut durchkneten, in eine Kastenform geben und erneut 15–30 Minuten gehen lassen.

3. Den Backofen nicht vorheizen! Das Brot einschieben und bei 200 °C Umluft ca. 15 Minuten backen. Danach die Temperatur auf 180 °C reduzieren und das Brot 1 Stunde backen.

MILCHBRÖTCHEN

ZUTATEN *für ca. 10 Brötchen:*
20 g frische Hefe
350 g Weizenmehl Type 550
400 ml lauwarme Milch
2 TL Salz
Milch zum Bestreichen

ZUBEREITUNG:

1. Die Hefe in etwas Milch auflösen. Das Mehl in eine Schüssel sieben. Das Salz und die aufgelöste Hefe zum Mehl hinzugeben und vermischen.

2. Die restliche Milch nach und nach dazugeben und den Teig zu einer gleichmäßigen Masse verkneten, sodass er eine weiche Konsistenz hat. Den Teig ca. 30 Minuten ruhen lassen.

3. Den Teig auf eine bemehlte Arbeitsfläche legen. Sollte der Teig noch zu weich sein, noch etwas Mehl hineinkneten. Den Teig zunächst zu einem Rechteck ziehen und danach die langen Seiten übereinanderschlagen. Jeweils die nach innen geschlagenen Seiten ein wenig fest drücken.

4. Danach den Teig wenden, leicht bemehlen und ein wenig zu einem Rechteck glätten. Erneut die Seiten des Teiges übereinanderschlagen und andrücken.

5. Den Backofen auf 200 °C Umluft vorheizen und eine feuerfeste Form unten in den Ofen stellen.

6. Von dem zusammengelegten Teigling die einzelnen Brötchenteiglinge abstechen und rund formen. Auf ein mit Backpapier ausgelegtes Backbleck setzen und zweimal einritzen.

7. Etwas Wasser in die Form füllen und die Brötchen im vorgeheizten Backofen 20–25 Minuten backen. Zum Schluss die Brötchen mit etwas Milch bestreichen.

ZUTATEN *für ca. 10 Schusterjungen:*

40 g frische Hefe
1 Msp. Zucker
80 ml lauwarmes Wasser
125 g Roggenmehl Type 997

175 g Weizenmehl Type 550
1 TL Salz
250 ml lauwarmes Wasser

SCHUSTERJUNGEN

ZUBEREITUNG:

1. Die Hefe und den Zucker in 80 ml Wasser auflösen. Beide Mehlsorten in eine ausreichend große Schüssel sieben. Anschließend das Hefewasser sowie das Salz dazugeben.

2. Das Wasser nach und nach dazugießen, alles zu einem weichen Teig verrühren und diesen gut durcharbeiten. Den Teig ca. 30 Minuten gehen lassen.

3. Den Backofen auf 200 °C Umluft vorheizen und ein Backblech mit Backpapier bereitstellen.

4. Den Teig auf eine bemehlte Arbeitsfläche legen. Er sollte weich und elastisch sein, falls er aber zu weich ist, kann noch etwas Mehl eingearbeitet werden.

5. Den Teig zum Schluss zu einer langen Rolle formen, in einzelne Teiglinge portionieren und diese rund formen.

6. Die Teiglinge auf das mit Backpapier ausgelegte Backblech auflegen und 20–25 Minuten im Ofen backen.

Tipp

Wenn Sie die Schusterjungen frisch zum Frühstück essen möchten, können Sie die Teiglinge wie beschrieben am Vorabend zubereiten und im Kühlschrank aufbewahren. Am nächsten Morgen müssen Sie diese nur noch bei Zimmertemperatur kurz stehen lassen und dann backen.

EMMERBRÖTCHEN

mit Sonnenblumenkernen

ZUBEREITUNG:

1. Die Hefe zerbröckeln und mit dem Zucker in etwas Wasser auflösen.

2. Die beiden Mehlsorten zusammen in eine Schüssel sieben. Das Salz und das Hefewasser hinzufügen. Nach und nach das restliche Wasser dazugeben und alles zu einem homogenen Teig verkneten.

3. Dann den Teig ca. 30 Minuten ruhen lassen. Die ganzen Sonnenblumenkerne in den Teig einarbeiten und gut kneten. Den Teig in 8 Stücke teilen und die Brötchen rund schleifen.

4. Auf ein mit Backpapier ausgelegtes Backblech legen und die Teiglinge erneut ca. 30 Minuten ruhen lassen.

5. Den Backofen auf 200 °C Umluft vorheizen. Die Teiglinge mit Wasser bestreichen, die gehackten Sonnenblumenkerne darüberstreuen und die Emmerbrötchen im vorgeheizten Ofen ca. 20 Minuten backen.

Emmermehl ...

… ist besonders eiweiß- und mineralstoffreich

… verleiht dem Brot eine dunkle Farbe und ein würziges Aroma

… hat nur begrenzte Klebereigenschaften

… wird auch Zweikornmehl genannt

… gehört zu den ältesten Mehlsorten

… eignet sich besonders gut für Backwaren mit Hefe

ZUTATEN *für 8 Brötchen:*

½ Würfel frische Hefe
1 TL Zucker
130 g Roggenmehl Type 997
190 g Emmermehl
2 TL Salz

175 ml lauwarmes Wasser
70 g ganze Sonnenblumenkerne
40 g gehackte Sonnenblumenkerne

BRIOCHE

ZUTATEN *für 1–2 Brioches:*

500 g Mehl Type 550
250 g Butter
1 Prise Salz
100 g Zucker
1 ½ Würfel frische Hefe (63 g)
6 Eier
Hagelzucker zum Bestreuen

ZUBEREITUNG:

1. Das Mehl sieben. Die Butter bei Zimmertemperatur sehr weich werden lassen. Das Salz, den Zucker und die zerbröselte Hefe zur Butter hinzufügen.

2. Die Eier verquirlen und schaumig schlagen, dann die Buttermischung hinzufügen. Das Mehl nach und nach dazugeben und mit den Knethaken eines Handrührgeräts verkneten, bis der Teig leichte Blasen wirft.

3. Den Teig mit Frischhaltefolie abdecken, damit die Teigoberfläche nicht austrocknet. Kühl stellen und über Nacht gehen lassen (ca. 8–12 Stunden.). Danach den Teig durchkneten, zu runden Teiglingen formen und mit der Schere ein X in die Oberfläche ritzen. Die geformten Teiglinge bei Zimmertemperatur erneut 3–4 Stunden gehen lassen.

4. Den Backofen auf 180 °C Ober-/Unterhitze oder 160 °C Umluft vorheizen. Die Brioches mit Hagelzucker bestreuen, 45–50 Minuten backen und anschließend auf einem Kuchengitter abkühlen lassen.

Teig über Nacht gehen lassen

ROSINENBRÖTCHEN

ZUTATEN *für 10 Brötchen:*

450 g Mehl
1 Päckchen Trockenhefe
50 g Zucker
70 g Butter
200 ml Milch
1 Ei
80 g Rosinen
Salz

ZUBEREITUNG:

1. Das Mehl, die Hefe und den Zucker gut vermischen. Die Butter in einem Topf schmelzen, die Milch und eine Prise Salz dazugeben und leicht erwärmen. Zum Mehl geben, das Ei und die Rosinen hinzufügen und alles mit den Knethaken des elektrischen Handrührgeräts zu einem glatten Teig verarbeiten. Mit einem feuchten Tuch abdecken und an einem warmen Ort 45 Minuten gehen lassen.

2. Den Teig mit bemehlten Händen durchkneten. Zu einer Rolle formen und in 10 Portionen teilen. Zu Brötchen formen, auf zwei mit Backpapier belegte Backbleche setzen und abgedeckt weitere 15 Minuten gehen lassen.

3. Den Backofen auf 200 °C (Umluft 180 °C) vorheizen. Die Rosinenbrötchen mit etwas Milch bestreichen und 10–15 Minuten goldbraun backen.

BAGELS
mit verschiedenen Körnern

ZUTATEN *für 8–10 Bagels:*

½ Würfel frische Hefe
20 g Zucker
500 g Weizenmehl Type 550
1 TL Salz
2 EL Pflanzenöl

300 ml handwarmes Wasser
25–30 g Honig
Sesam, Kürbiskerne oder
  Mohn zum Bestreuen

ZUBEREITUNG:

1. Die Hefe mit dem Zucker in ein wenig lauwarmem Wasser auflösen. Das Mehl in eine Schüssel sieben. Das Salz, das Öl und die Hefeflüssigkeit zum Mehl geben und vermischen. Das handwarme Wasser dazugießen und alles mit dem Handrührgerät zu einem dehnbaren, flexiblen Teig verarbeiten.

2. Auf einer bemehlten Arbeitsfläche aus dem Teig 8–10 Kugeln formen. Dann mit einem Kochlöffelstiel ein Loch in die Mitte jedes Teiglings bohren und mit kreisenden Bewegungen jeweils eine Öffnung von 3–4 cm hineinarbeiten.

3. Ein Backblech mit Backpapier belegen und dieses leicht mit Mehl bestäuben. Die Bagels mit ausreichendem Abstand zueinander auf das Backblech legen, abdecken und ca. 30 Minuten ruhen lassen.

4. In der Zwischenzeit den Backofen auf 200 °C Umluft vorheizen. Einen großen Topf zur Hälfte mit Wasser befüllen, den Honig hineingeben und zum Kochen bringen.

5. Die Teiglinge mit der flachen Seite sehr behutsam in das kochende Wasser legen, da sie leicht zusammenfallen. Eine knappe halbe Minute in dem Honigwasser köcheln lassen, vorsichtig umdrehen und die andere Seite auch für eine halbe Minute köcheln lassen.

6. Den Bagel herausnehmen, auf einem mit Küchenpapier belegten Teller abtropfen lassen und auf das Backblech legen.

7. Nach Belieben können die Bagels mit Saaten bestreut werden. Die Bagels im Backofen 15–20 Minuten goldbraun backen.

Tipp
Wenn Sie keine Saaten mögen, können Sie die Bagels vor dem Backen stattdessen auch einfach mit einem verquirlten Ei bestreichen.

ZUTATEN *für 1 Brot:*

20 g frische Hefe
1 TL Zucker
100 ml handwarmes Wasser
400 g Roggenmehl Type 1370

250 g Weizenmehl Type 550
110 g Roggensauerteig
2 TL Salz
530 ml Wasser

ROGGENMISCHBROT

mit Sauerteig

ZUBEREITUNG:

1. Die Hefe in eine kleine Schüssel bröckeln, den Zucker dazugeben und mit dem handwarmen Wasser verrühren, sodass sich alles auflöst.

2. Die beiden Mehlsorten in eine Schüssel sieben. Den Sauerteig dazugeben, die Hefeflüssigkeit hinzufügen und mit einem Kochlöffel umrühren. Das Salz über den Teig verteilen. Nach und nach das restliche Wasser zugießen, unterrühren und den Teig durcharbeiten.

3. Den Teig in der Schüssel mindestens 45–60 Minuten gehen lassen, bis sich das Volumen deutlich vergrößert hat.

4. Auf einer bemehlten Arbeitsfläche den Teig kräftig kneten. Der Teigling sollte eine elastische, aber noch leicht feuchte Konsistenz haben.

5. Eine Form bzw. einen Gärkorb gut bemehlen und den Teigling für weitere 30 Minuten darin ruhen lassen. Dabei sollte die Nahtstelle des Brotes (Schluss) nach oben zeigen (siehe kleines Bild).

6. Den Backofen auf 240 °C Umluft vorheizen und eine feuerfeste Form unten in den Ofen stellen. Ein Backblech mit Backpapier belegen, den Teigling mit der Nahtstelle nach unten auf das Backblech stürzen und mit einer scharfen Klinge einschneiden.

7. Wasser in die feuerfeste Form füllen. Das Brot im vorgeheizten Backofen zunächst 10 Minuten bei 240 °C backen, dann die Temperatur auf 200 °C reduzieren, den Schwaden aus dem Ofen entweichen lassen und das Brot weitere 50 Minuten backen.

DINKEL-ROGGEN-

Brot mit Gewürzen

ZUTATEN *für 1 Brot:*

20 g Zucker
¾ Würfel frische Hefe
¼ TL Anis
¼ TL Fenchel
¼ TL Kümmel

¼ TL gemahlener Koriander
300 g Roggenmehl Type 1150
350 g Dinkelvollkornmehl
2 TL Salz
200 g Roggensauerteig
400 ml Wasser

ZUBEREITUNG:

1. Den Zucker und die frische Hefe in einer kleinen Schüssel mit warmem Wasser auflösen. Nacheinander Anis, Fenchel und Kümmel im Mörser zerstoßen und mit dem gemahlenen Koriander vermischen.

2. Die beiden Mehlsorten in eine große Schüssel sieben und das Salz untermischen. Den Sauerteig hinzufügen und die Gewürze und die Hefeflüssigkeit beimischen. Nach und nach mit dem Wasser zu einem glatten Teig verkneten.

3. Den Teig auf eine bemehlte Arbeitsfläche geben und so lange kneten, bis er eine elastische Konsistenz aufweist. Gegebenenfalls noch etwas Mehl in den Teig einarbeiten.

4. Anschließend den Teig 30 Minuten ruhen lassen. Nach der ersten Teigruhe den Teig nochmals bearbeiten und gut durchkneten. Danach den Teig erneut für 60 Minuten ruhen lassen.

5. Ein Backblech mit Backpapier belegen. Den Backofen auf 240 °C Umluft vorheizen und eine feuerfeste Form unten in den Ofen stellen.

6. Den Teigling nach der Endgare einritzen und in den Ofen schieben. Wasser in die ofenfeste Form füllen und das Brot bei 240 °C ca. 20 Minuten backen, dann die Temperatur

auf 180 °C reduzieren und das Brot ca.
10 Minuten weiterbacken. Erneut die
Temperatur auf 160 °C senken und das
Brot weitere 30 Minuten fertig backen.

Tipp

Wenn die Kruste noch kräftiger und
dunkler werden soll, können Sie das
Brot einfach etwas länger backen.

ROTE-BETE-BROT

mit Sonnenblumenkernen

ZUTATEN *für 1 Brot:*

20 g Meersalz
1 TL Zucker
7 g Trockenhefe
270 ml Wasser
300 g frische Rote Bete
500 g Weizenvollkornmehl
8–10 ml Pflanzenöl
75 g Natursauerteig
50 g Sonnenblumenkerne

Tipp

Beim Schälen und Schneiden von Roter Bete tritt der Pflanzensaft aus, der stark rot färbt. Deshalb ist es empfehlenswert, dabei Einmal- oder Haushaltshandschuhe zu tragen.

Sollte dennoch Saft an Ihre Hände gelangt sein, dann hilft Zitronensaft beim Entfernen der Rote-Bete-Flecken.

ZUBEREITUNG:

1. In etwas handwarmem Wasser das Meersalz auflösen. In einer anderen Schüssel den Zucker und die Trockenhefe mit dem restlichen Wasser auflösen.

2. Die Rote-Bete-Knollen waschen, schälen, in kleine Würfel schneiden und mit einem Mixer pürieren. Die Sonnenblumenkerne in der Pfanne leicht anrösten.

3. In einer Schüssel das Rote-Bete-Püree mit dem Mehl, dem Salzwasser, dem Pflanzenöl und dem Natursauerteig vermengen. Nach und nach das Wasser mit dem gelösten Hefe-Zucker-Gemisch hinzufügen. Den klebrigen Teig ca. 5 Minuten verkneten.

4. Anschließend die Sonnenblumenkerne zugeben und den Teig weitere 5 Minuten kneten. Sollte der Teig nun immer noch zu klebrig sein, kann etwas Mehl hinzugegeben werden. Die Konsistenz des Teiges sollte aber klebrig bleiben.

5. Den Teig 1,5–2 Stunden abgedeckt ruhen lassen, bis er ungefähr das doppelte Volumen erreicht hat. Mit der Faust einmal kräftig auf den Teig schlagen, damit große Lufteinschlüsse entweichen können. Anschließend den Teig nochmals kräftig durchkneten und erneut 1 Stunde gehen lassen.

6. Den Backofen auf 190 °C Umluft vorheizen. Den Teigling zu einem runden Brot formen, einschneiden und im Backofen ca. 30 Minuten backen.

KOSAKENBROT

ZUTATEN *für 1 Brot:*

Für den Vorteig:

10 g Anstellgut (möglichst
  selbst hergestellt, s. S. 26)
280 g Roggenmehl Type 1370
280 ml Wasser

Für den Sauerteig:

20 g frische Hefe
400 ml Wasser
380 g Roggenmehl Type 1370
200 g Roggenmehl Type 997

100 g Dinkelmehl Type 630
500 g Sauerteig (aus dem
  Vorteig)
20 g Salz

VORBEREITUNGEN *am Vortag:*

Das Anstellgut zusammen mit dem Roggenmehl und der angegebenen Wassermenge verrühren, ohne dass sich Klumpen bilden. Das Ganze über Nacht bei warmer Zimmertemperatur abgedeckt stehen lassen, sodass ein Sauerteig entsteht.

ZUBEREITUNG:

1. Die Hefe in eine Schüssel bröckeln und mit etwas warmem Wasser auflösen.

2. Alle Mehle nach und nach in eine große Schüssel sieben und vermengen. Dann den Vorteig dazugeben und unterrühren. Die aufgelöste Hefeflüssigkeit und das Salz hinzuschütten und gut unterrühren. Das restliche Wasser nach und nach zugeben und alles gut durcharbeiten. Der Teig ist für den nächsten Arbeitsschritt bereit, wenn er eine gut elastische Konsistenz hat.

3. Den Teig auf einer bemehlten Arbeitsfläche kneten und zu einem Rechteck formen. Die linke Längsseite des Teigs nach innen schlagen, die rechte Längsseite darüber schlagen und danach den Teig mit der Faltung nach unten drehen. Die glatte Seite des Teigs zeigt nach oben und wird mit den Fingerspitzen beider Hände von oben nach unten gleichmäßig flach gedrückt. Erneut die linke Längsseite nach innen schlagen und die rechte Längsseite darüber schlagen. Nochmal den Teig mit der Faltung nach unten drehen, sodass die glatte Seite des Teiges nach oben zeigt. Ein zweites Mal den Teig mit den Fingerspitzen von oben nach unten glätten und beide Seiten nochmals nach innen falten.

4. Anschließend den Teigling mit dem Schluss nach unten in eine ausreichend große und mit Backpapier ausgeschlagene Backform geben und mindestens 1 Stunde im warmen Zimmer gehen lassen. Zusätzlich sollte der Teigling mit Frischhaltefolie abgedeckt sein, damit die Teigoberfläche nicht austrocknet. Danach die Teigoberfläche mit einem scharfen Messer einritzen und eine feuerfeste Form für den Schwaden in den Herd stellen.

5. Den Backofen auf 250 °C Umluft vorheizen, das Brot hineinschieben und das Wasser zum Schwaden in die

feuerfeste Form geben. Bei fallender Temperatur insgesamt 1 Stunde backen: Zunächst
bei 250 °C 20 Minuten backen. Dann den
Ofen auf 230 °C runterschalten und erneut
20 Minuten bei dieser Temperatur backen.
Dann die Backtemperatur auf 210 °C reduzieren und in weiterer 20 Minuten das Brot
fertigbacken.

Tipp

Die Oberfläche des Brotes wird
schön glänzend, wenn Sie den
Teigling mithilfe eines Backpinsels
mit Wasser bestreichen.

DINKEL-ROGGEN-
Ganzkornbrot

VORBEREITUNGEN *am Vortag:*
Die Dinkel- und die Roggenkörner mit dem Salz in eine Schüssel geben. Das Wasser auf dem Herd aufkochen und dann die Körner mit dem heißen Wasser übergießen. Das Ganze über Nacht abgedeckt stehen lassen.

ZUBEREITUNG:

1. Am nächsten Tag die eingeweichten Körner durch ein Sieb abgießen. Dabei die Flüssigkeit auffangen und auf insgesamt 450 ml Flüssigkeit ergänzen, am besten mit handwarmem Wasser.

2. Die Hefe in eine Schüssel bröckeln und mit etwas warmem Wasser auflösen. Sämtliche Mehlsorten in eine große Schüssel sieben. Den Sauerteig und die abgetropften Körner hinzufügen und vermischen. Dann das Salz und die aufgelöste Hefeflüssigkeit hinzugeben und unterrühren.

3. Nach und nach die restliche Flüssigkeit zugießen und den Teig mit der Knetmaschine ca. 10 Minuten durchkneten. Der Teig muss fest, aber noch elastisch sein. Sollte er zu fest sein, noch etwas Wasser dazuschütten und gut kneten! Dann den Teig mindestens 1 Stunde, besser 1 ½ Stunden, ruhen lassen.

4. Die Arbeitsplatte leicht bemehlen, den Teig darauf geben und zu einem Rechteck formen.

5. Die linke Längsseite nach innen schlagen, dann die rechte Längsseite darüber schlagen. Im Anschluss nun die neue linke Längsseite nach innen schlagen und die rechte Längsseite wieder darüber. Den Teig mit der Faltung nach unten drehen, sodass die glatte Seite des Teiges nach oben zeigt. Erneut den Teig wie eben beschrieben falten.

6. Das Brot in eine Kastenform oder einen gusseisernen Bräter geben. Den Teigling mindestens 1 Stunde, besser 1 ½ Stunden, gehen lassen, bis er deutlich an Volumen gewonnen hat.

7. Den Backofen auf 240 °C Umluft vorheizen und eine feuerfeste Form mit Wasser in den Ofen stellen. Das Brot insgesamt 1 Stunde backen, dabei die Temperatur alle 20 Minuten reduzieren: zuerst auf 220 °C, dann auf 200 °C und zuletzt auf 180 °C.

8. Soll das Brot etwas knuspriger werden, so kann man nach 40 Minuten das Brot aus der Backform nehmen und es direkt auf dem Backblech fertigbacken sowie zusätzlich den Schwaden aus dem Backofen entweichen lassen.

Tipp
Die Zubereitung dieses Brotes wird durch den Einsatz einer Knetmaschine enorm erleichtert.

ZUTATEN *für 1 Brot:*

120 g Dinkelkörner
80 g Roggenkörner
5 g Salz
400 ml Wasser

½ Würfel frische Hefe
etwas Wasser zum Auflösen
  der Hefe
100 g Roggenvollschrot
240 g Roggenmehl Type 1370

200 g Weizenvollkornmehl
280 g Dinkelmehl Type 1050
120 g Roggensauerteig
1 EL Salz

DINKELBROT

ZUTATEN *für 1 Brot:*

350 g Dinkelvollkornmehl
300 g Dinkelmehl Type 1050
½ Würfel frische Hefe
20 g Honig
200 g Roggensauerteig
1 EL Salz
300 ml Wasser

ZUBEREITUNG:

1. Die beiden Mehlsorten in eine Schüssel sieben. In einer kleinen Schüssel die Hefe und den Honig mit etwas Wasser auflösen.

Zum Mehl den Roggensauerteig und das Salz hinzufügen und alles gut miteinander vermischen.

2. Nach und nach das verbleibende Wasser dazugeben und alles zu einem glatten Teig verkneten. Den Teig ca. 60 Minuten ruhen lassen. Dann den Teig gut durcharbeiten und zu einem länglichen Brot formen. Den Teigling dreimal über die Breite einschneiden und auf ein mit Backpapier belegtes Backblech setzen. Das Brot noch einmal ca. 15 Minuten gehen lassen, bis es doppelt so groß ist.

3. Den Backofen auf 200 °C Umluft vorheizen und eine feuerfeste Form mit Wasser unten in den Ofen stellen. Das Brot ca. 45 Minuten backen. Nach ca. 20 Minuten den Backofen kurz öffnen, um den Schwaden entweichen zu lassen.

LEINSAMENBROT

ZUTATEN *für 1 Brot:*

75 g geschroteter Leinsamen
200 ml kochendes Wasser
20 g Zucker
¾ Würfel frische Hefe
325 g Emmermehl
100 g Dinkelmehl Type 630
2 TL Salz
100 g Dinkelsauerteig
100 ml Wasser

ZUBEREITUNG:

1. Den Leinsamenschrot mit dem kochenden Wasser übergießen und quellen lassen. Den Zucker und die Hefe in lauwarmem Wasser auflösen.

2. Die beiden Mehlsorten in eine Schüssel sieben. Das Salz und den Sauerteig zum Mehl hinzufügen, dann das Hefe-Zucker-Wasser-Gemisch sowie den Leinsamen, evtl. mit Restflüssigkeit, dazugeben. Zum Schluss das Wasser hineingießen und alles gut durchkneten, bis sich der Teig von der Schüssel löst. Den Teigling in ein bemehltes Gärkörbchen geben und den Teig 60 Minuten ruhen lassen. In der Zwischenzeit Backpapier auf ein Backblech legen.

3. Nach der Teigruhe den Teig auf eine mit Mehl bestäubte Arbeitsfläche geben und erneut kräftig kneten. Den Teigling rund formen, das Gärkörbchen gut bemehlen und das Brot mit der Nahtstelle (Schluss) nach oben in das Gärkörbchen legen. Den Teigling erneut ca. 20 Minuten ruhen lassen.

4. Den Backofen auf 200 °C Umluft vorheizen. Das Brot mit der Nahtstelle nach unten auf das Backblech stürzen, in den Ofen schieben und ca. 60 Minuten backen.

GERSTENBROT

mit Sauerteig

ZUTATEN *für 1 Brot:*

Für den Sauerteig:
100 g Gerstenvollkornmehl
1 EL Anstellgut (möglichst
  selbst hergestellt, s. S. 26)
100 ml Wasser

Für das Quellstück:
100 g Gerstenvollkornmehl
100 ml Wasser
16 g frische Hefe (entspricht
  ca. ⅓ Würfel)
1 EL Zucker

400 g Weizenmehl
  Type 1050
2 TL Salz
1 TL Butter
250 ml Wasser

VORBEREITUNGEN *am Vortag:*

1. Am Vortag (mind. 24 Stunden vorher)
100 g Gerstenvollkornmehl mit dem
Anstellgut und 100 ml Wasser verrühren und daraus bei Zimmertemperatur einen Gerstensauerteig herstellen.

2. Am Vorabend (10–12 Stunden vorher) ein Quellstück herstellen: Dafür 100 g Gerstenvollkornmehl mit
100 ml Wasser, das eine Temperatur
von 20–30 °C aufweist, mit einem
Holzlöffel verrühren und bei Zimmertemperatur abgedeckt stehen lassen.

ZUBEREITUNG:

1. Die frische Hefe mit dem Zucker in
ca. 30 ml lauwarmem Wasser auflösen. Das Weizenmehl in eine Schüssel
sieben. Das Salz und die Butter sowie
nach und nach 220 ml lauwarmes
Wasser zugeben und vermengen.

2. Alle Zutaten ca. 3–5 Minuten zu einem elastischen Teig verkneten.
Anschließend die Hefeflüssigkeit

zugeben, bis alle Flüssigkeit vom Teig
aufgenommen wurde. Danach den
Teig kräftig kneten (mindestens 10 Minuten mit der Maschine, manuell
entsprechend länger). Dann den
Weizenteig bei Zimmertemperatur
abgedeckt 60 Minuten ruhen lassen.

3. Wenn sich der Weizenteig vom Volumen her verdoppelt hat, werden im
Anschluss daran das Gerstenquellstück und der Gerstensauerteig hinzugefügt. Alles gut zu einem gleichmäßigen Teig verkneten, dabei darauf
achten, dass das Gerstenquellstück gut
im Teig verarbeitet ist!

4. Aus dem Teig ein Brot formen. Dafür
evtl. die Knetunterlage noch einmal
bemehlen. Den Teigling in eine mit
Backpapier ausgeschlagene Backform
geben und bei Zimmertemperatur
abgedeckt für weitere 60 Minuten an
einem warmen Ort ruhen lassen, bis
das Volumen stark zugenommen hat.

5. Den Backofen auf 210 °C Umluft vorheizen, eine feuerfeste Schale mit Wasser unten in den Ofen stellen und das Brot ca. 50 Minuten backen. Die Ofentür öffnen, den Dampf herauslassen, die Temperatur auf 160 °C reduzieren und weitere 15 Minuten backen.

Tipp

Für die Herstellung des Teiges für dieses Brot ist eine Knetmaschine empfehlenswert, da sie die Zubereitung wesentlich erleichtert.

Am Vortag Sauerteig und Quellstück vorbereiten

GRÜNKERNBROT

mit ganzen Körnern

ZUTATEN *für 1 Brot:*

150 g Grünkernkörner
250 ml Wasser
100 g Roggenvollschrot
200 g Roggenmehl Type 1370
200 g Weizenmehl Type 550

500 g Roggensauerteig
50 ml Honig oder Zuckerrübensirup
300 ml Milch
20 g Salz
100 ml Wasser

VORBEREITUNGEN *am Vortag:*

Die Grünkernkörner mit dem Wasser auf dem Herd so lange köcheln lassen, bis die Körner noch bissfest sind. Das Ganze über Nacht abgedeckt ruhen lassen.

ZUBEREITUNG:

1. Die Körner durch ein Sieb abgießen und abtropfen lassen. Alle Mehle in eine ausreichend große Schüssel sieben. Den Sauerteig hinzufügen und gut verrühren. Dann die abgetropften Grünkernkörner hinzufügen und den Honig bzw. Sirup unterrühren. Die Milch langsam dazugießen, das Salz hinzugeben und den Teig gut durcharbeiten, d.h. mindestens 10 Minuten kneten. Dabei so viel Wasser zum Teig hinzugeben, dass er zwar fest, aber noch elastisch ist. Sollte der Teig zu fest sein, noch etwas mehr Wasser dazugeben und weiterkneten! Danach muss der Teig mindestens 1 ½–2 Stunden ruhen.

2. Die Arbeitsplatte mit Mehl bestäuben und den Teig kneten und falten, wie im Kapitel „Teigbearbeitung" (Seite 27) beschrieben. Das Brot in einen gusseisernen Bräter legen, der mit Backpapier ausgeschlagen ist. Dann muss der Teigling noch einmal eine Ruhezeit von mindestens 1 Stunde, besser 1 ½ Stunden, erhalten. In dieser Zeit soll er sich deutlich vergrößern.

3. Den Schwaden vorbereiten, d. h. eine feuerfeste Form in den Backofen stellen und wenn
das Brot in den Ofen eingeschoben wird,
ausreichend Wasser in die Form gießen. Den
Backofen auf 200 °C Umluft vorheizen und
das Brot 1 Stunde backen.

Tipp

Für dieses Brot vereinfacht eine
Knetmaschine die Zubereitung
enorm.

WEIZENSAUERTEIG-
Brötchen

ZUTATEN *für 10–12 Brötchen:*

500 g Weizenmehl Type 550
8 g frische Hefe
2 TL Salz
100 g Weizensauerteig oder Dinkelsauerteig
330 ml Wasser

ZUBEREITUNG:

1. Das Mehl in eine Schüssel sieben. In die Mitte des Mehls eine kleine Vertiefung drücken und die Hefe hineinbröckeln, etwas Mehl hineinrühren und alles miteinander vermengen.

2. Das Salz und den Weizensauerteig dazugeben und vermischen. Nach und nach das restliche Wasser hinzufügen und alles gut miteinander verkneten.

3. Zunächst den Teig ca. 30 Minuten ruhen lassen, danach erneut bearbeiten. Dabei den Teig zu einem Rechteck formen, die Längsseiten einmal von rechts nach links und dann von links nach rechts übereinanderlegen.

4. Den Teig mit den übereinander geklappten Seiten drehen, mit dem Schluss nach unten legen und die nun glatte Oberfläche noch einmal zu einem Rechteck ziehen.

5. Erneut die Längsseiten übereinander schlagen und den Teig umdrehen. Ein letztes Mal mit der glatten Oberseite ein Rechteck formen, anschließend die Längsseiten wieder übereinander schlagen. Nun den Teig mit dem Teigschaber entsprechend teilen und die Brötchenteiglinge rund schleifen.

6. Ein Backblech mit Backpapier auslegen, die Brötchen daraufsetzen und einschneiden. Erneut mindestens 1 ½–2 Stunden ruhen lassen.

7. Den Backofen auf 200 °C Umluft vorheizen und die Brötchen 20–30 Minuten backen. Wenn die Brötchen aus dem Ofen kommen, mit etwas Wasser bestreichen.

Tipp
Die Brötchen werden gehaltvoller, wenn Sie vor dem Backen noch ein paar Kerne oder Nüsse unterkneten.

Dauert etwas länger

ROGGENSAUERTEIG-
Brötchen mit Sesam

ZUTATEN *für 10–12 Brötchen:*

20 g frische Hefe
1 TL Zucker
200 ml Wasser
500 g Weizenmehl Type 550
1 EL Salz
250 g Roggensauerteig
Sesam zum Bestreuen

Tipp

Wenn Sie Körner in die Brötchen verbacken möchten, dann können Sie diese nach der Stückgare (erste Ruhezeit) und vor dem Schleifen hinzufügen und gut verkneten.

Gut geeignet hierfür sind Sonnenblumen- und Kürbiskerne. Aber auch Nüsse, wie z. B. Walnüsse, Haselnüsse oder Mandeln, können eingearbeitet werden.

ZUBEREITUNG:

1. Die Hefe mit dem Zucker in etwas lauwarmem Wasser auflösen. Das Mehl in eine Schüssel sieben. Die Hefeflüssigkeit und das Salz hinzufügen. Den Roggensauerteig zum Mehl dazugeben, alles mit dem Wasser vermengen und gut durchkneten.

2. Den Teig mit einem Tuch abdecken und ca. 1 Stunde an einem warmen Ort gehen lassen. Danach den Teig noch einmal durchkneten. Die Brötchen rund schleifen und auf ein mit Backpapier ausgelegtes Backblech legen.

3. Jedes Brötchen mit Wasser bestreichen und mit Sesam bestreuen. Die Brötchenteiglinge an einem warmen Ort so lange gehen lassen, bis sich das Volumen verdoppelt hat (1,5–2 Stunden, je nach Raumtemperatur).

4. Den Backofen auf 180 °C Umluft vorheizen und eine Schale mit Wasser unten in den Ofen stellen. Die Brötchen 20–25 Minuten backen.

BUTTERMILCHBROT

ZUTATEN *für 1 Brot:*

550 g Dinkelmehl Type 630
1 Päckchen Backpulver
50 g Hartweizengrieß (alternativ Hartweizenmehl)
1 EL Salz
1 TL Zucker
15–20 ml Pflanzenöl
500 ml Buttermilch

ZUBEREITUNG:

1. Den Backofen auf 180 °C Umluft vorheizen. Das Mehl in eine Schüssel sieben.

Das Backpulver, den Hartweizengrieß, das Salz und den Zucker hinzufügen und vermischen. Das Öl dazugießen und untermischen. Anschließend die Buttermilch nach und nach zugeben und alles gründlich verrühren, bis ein homogener Teig entsteht.

2. Einen Brotlaib formen und den Teig am besten in eine mit Backpapier ausgelegte Kastenform legen. Für das Backen ohne Form muss so viel Mehl in den Teig geknetet werden, dass er elastisch ist und nicht auseinanderläuft. Den Teigling dann auf ein mit Backpapier bestücktes Backblech setzen.

3. Das Brot in den Ofen schieben und ca. 45 Minuten backen. Das Brot ist fertig, wenn die Stäbchenprobe gelingt: Beim Hineinstechen mit einem Holzstäbchen darf kein Teig mehr daran haften bleiben.

KRÄUTERBROT

ZUTATEN *für 1 Brot:*

1 Bund Schnittlauch
1 Bund Petersilie
200 g Weizenvollkornmehl
200 g Weizenmehl
1 TL Salz
2 TL Backpulver
50 g Margarine
  (z. B. von Rama)
300 g Joghurt
100 g geriebener Käse
80 g Schinkenwürfel

ZUBEREITUNG:

1. Den Schnittlauch und die Petersilie waschen und fein hacken. Den Backofen auf 200 °C (Umluft 180 °C) vorheizen. Die Kastenform einfetten und bemehlen.

2. Das Mehl, das Salz und das Backpulver mischen. Zusammen mit der Margarine und dem Joghurt mit den Knethaken des elektrischen Handrührgeräts zu einem Teig verarbeiten.

3. Die gehackten Kräuter und den geriebenen Käse dazugeben und den Teig mit den Händen nochmals durchkneten. Den Kräuterteig in die vorbereitete Kastenform füllen. Die Schinkenwürfel daraufstreuen und das Kräuterbrot im vorgeheizten Backofen 35–40 Minuten backen.

ORANGENBROT

mit Mandelmehl

ZUTATEN *für 1 Brot:*

500 g Dinkelvollkornmehl
200 g Mandelmehl
1 Päckchen Backpulver
1 unbehandelte Orange
100 g Zucker
6 Eier
1 Päckchen Vanillezucker
1 Prise Salz
350 ml Orangensaft

ZUBEREITUNG:

1. Das Dinkelvollkornmehl und das Mandelmehl in eine große Schüssel sieben und das Backpulver hinzufügen.

2. Die Orange heiß abwaschen und die Schale fein abreiben. Den Zucker, die Eier, den Vanillezucker, die abgeriebene Orangenschale und das Salz schaumig schlagen. Das mit Backpulver gemischte Mehl hinzugeben und alles gut verrühren. Soviel von dem Orangensaft dazugeben, dass der Teig zwar weich, aber nicht zu flüssig ist.

3. Den Backofen auf 180 °C Umluft vorheizen. Eine Kastenform mit Backpapier auslegen und den Teig hineingeben. Im vorgeheizten Backofen ca. 45 Minuten backen.

4. Um sicherzugehen, dass der Teig ausreichend durchgebacken ist, kann man kurz vor Ablauf der Backzeit die Stäbchenprobe machen: Dazu steckt man ein Holzstäbchen (z. B. Schaschlikspieß) ca. 4 cm tief in die Oberfläche des Brotes. Bleibt beim Herausziehen kein Teig daran kleben, ist das Brot fertig.

IRISCHES BROT

mit Kräutern

ZUTATEN *für 1 Brot:*

500 g Weizenmehl
   Type 550
5 TL Natron
1 TL Backpulver
1 Prise Jodsalz
2 EL getrocknete
   Frühlingskräuter
   (z. B. von Knorr)
60 g Margarine
350 ml Buttermilch
1 Eigelb

ZUBEREITUNG:

1. Das Mehl in eine Schüssel sieben. Mit dem Natron, dem Backpulver, dem Salz und den Kräutern vermischen. Die Margarine hinzufügen und mit dem Knethaken eines Handrührgerätes die Mehlmischung so lange verrühren, bis die Margarine bröselig ist. Die Buttermilch hinzufügen und alles verkneten, dabei nicht zu lange rühren.

2. Den Backofen auf 180 °C (Umluft 160 °C) vorheizen. Den Teig mit den Händen auf einer bemehlten Arbeitsfläche nochmals kurz durchkneten und zu einem Brotlaib formen. Mit einem Messer die Teigoberfläche x-förmig einschneiden.

3. Das Eigelb mit 1 EL Wasser verrühren und das Brot damit bestreichen. Im vorgeheizten Backofen ca. 50 Minuten backen.

MAISMUFFINS
auf amerikanische Art

ZUBEREITUNG:

1. Die Butter, die Eier und der Honig sollten Zimmertemperatur haben, damit sie sich leichter verarbeiten lassen!

2. Das Maismehl sieben und zusammen mit dem Maisgrieß in eine Schüssel geben. Den Honig, die Eier, das Salz, das Backpulver und die Butter hinzugeben und alles mit dem Handrührgerät auf unterster Stufe verquirlen. Die Milch bzw. die Buttermilch langsam dazugießen und alles zu einer glatten Masse verrühren.

3. Den Teig vorzugsweise in eine Silikon-Muffinform füllen, aus der sich die Maismuffins nach dem Backen ganz einfach herauslösen lassen. Aber Vorsicht beim Transportieren der gefüllten Muffinform: Der Teig ist nämlich ziemlich flüssig und die Silikonform gibt beim Tragen nach, sodass der Teig im schlimmsten Fall ausläuft. Alternativ dazu eine herkömmliche Muffinform verwenden, die aber gut gefettet und mit ein wenig Maisgrieß ausgestäubt werden muss.

4. Den Backofen auf 180 °C Umluft vorheizen und die Muffins 30–35 Minuten backen. Die fertigen Muffins nicht aus der Form herausheben, sondern durch Umdrehen der Form auf ein Gitter stürzen, damit sie nicht zerreißen.

Tipp

Diese Maismuffins sind eine klassische Beilage der amerikanischen Südstaatenküche. Sie sind die ideale Ergänzung zu Chili- oder anderen scharfen Schmorgerichten.

ZUTATEN *für ca. 16 Muffins:*

180 g Maismehl
150 g Maisgrieß
30 g Honig
2 Eier
2 TL Salz

3 TL Backpulver
50 g Butter
300 ml Milch oder
  Buttermilch

REGISTER

© 2018 design cat GmbH

Genehmigte Lizenzausgabe
EDITION XXL GmbH
Industriestraße 19
64407 Fränkisch-Crumbach 2022
www.edition-xxl.de

Idee und Projektleitung: Sonja Sammüller
Layout, Satz und Umschlaggestaltung:
design cat GmbH

ISBN 978-3-89736-830-9

Bildnachweis
Wir danken folgenden Firmen für ihre freundliche Unterstützung:
Unilever Deutschland GmbH, Hamburg
– Knorr 77
– Rama 75
– Sanella 37

Shutterstock: 123object 18; Africa Studio 9, 10, 12, 20, 21, 23; Ahmet Cigsar 12;
akepong srichaichana 9; alekleks 8; AlessandraRC 9; anastasiia agafonova 22;
And-One 2, 17; Andrey Starostin 18; Angorius 13; Anton Prohorov 11; Bolten-
koff 8; BW Folsom 11; Chukov 10; Durch 12; Evan Lorne 15; everydayplus 13;
Fascinadora 22; Forance 11; Fotokostic 10; igorstevanovic 8; Ivonne Wierink 21;
Jack Frog 6; Lotus_studio 7; MaraZe 4–38, 40, 42–57, 59–72, 74–79; marco mayer 9;
Moving Moment 10, 13; MShev 51; nadianb 16; NieTea 60, 40; Nina.G 7; ninifer-
rari 14; Pressmaster 19; Prostock-studio 4–79; Sergey Molchenko 11; Sergio
Stakhnyk 12; Shebeko 16; Silthegr8 40–41; Sinelev 10

Alle weiteren Fotos: design cat GmbH